MANDALAS DE MULHERES PODEROSAS

Um livro de colorir espetacular que irá relaxar e inspirar tanto as meninas quanto as feministas

WomArt Editions

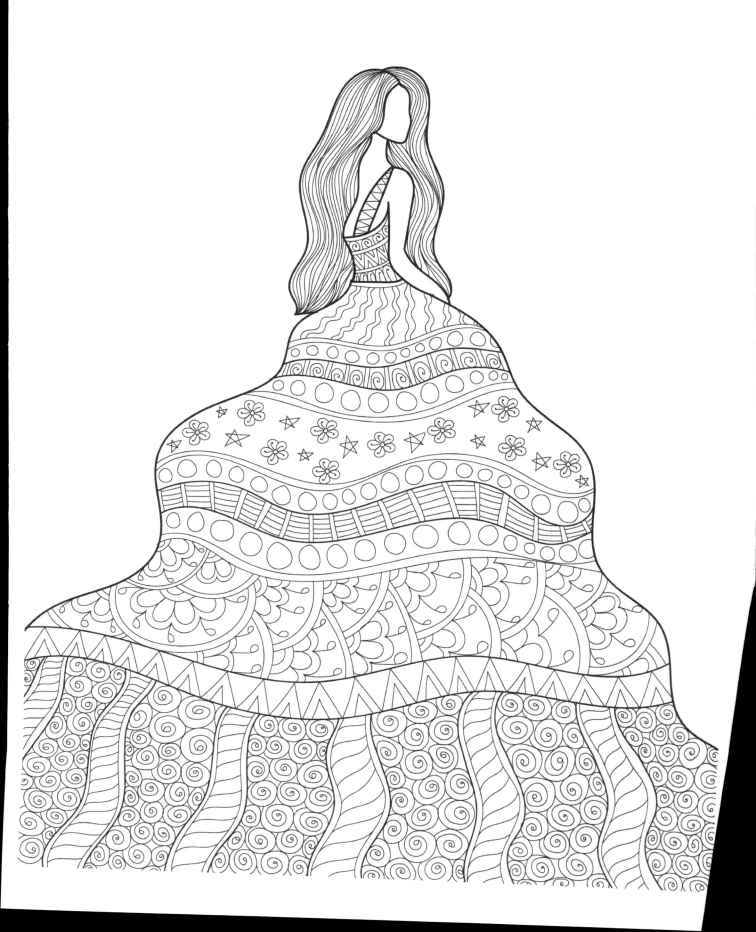

CPSIA information can be obtained
at www.ICGtesting.com
Printed in the USA
LVHW011249190423
744757LV00005B/97